나의 히로시마

히로시마는 언제나 내 기억 속에 남아 있습니다.

그곳은 바다처럼 보일 만큼 짙푸른 산으로 둘러싸여 있었지요.

산 사이로 흐르는 일곱 줄기 강물은 아주 아름다웠답니다.

나의 히로시마

지은이 모리모토 준코 · **옮긴이** 최혜기

나는 우리 가족의 막내였습니다.

아버지와 어머니, 그리고 두 언니와 오빠가 하나 있었지요.

가끔 나는 혼자 있는 걸 좋아했어요.

집에 홀로 남아 그림을 그리며 놀았지요.

그것만으로도 온종일 즐거웠답니다.

나는 친구가 많았어요. 그중에서도 후미와 하루코랑 친했지요.
뭐니뭐니해도 친구들과 하는 대문놀이가 가장 재미있었답니다.

여름밤에는 불꽃놀이를 했어요.

하늘을 수놓는 아름다운 빛깔의 불꽃을

가족과 함께 바라보았어요.

아주 행복했지요.

다리 위에서 보아도

불꽃은 아주 크고 높았어요.

나는 학교 가는 게 싫었어요.

아침마다 오빠 옷을 꼭 붙잡고 뒤에서 졸졸 따라갔지요.

담임선생님은 검고 무거운 안경을 쓰고 있었어요.
나는 미술 시간이 가장 좋았답니다.

그렇게 시간이 흘러 4학년이 되던 해 겨울, 전쟁이 시작되었어요.

한 해 한 해 나이를 먹을수록, 세상은 너무 많이 달라졌어요.
고등학생이 되었을 때, 나는 이상한 차림으로 다녀야 했지요.
전쟁은 모든 걸 바꾸어 놓았어요.

가게에서 살 수 있는 물건은 점점 줄어들었어요.

평범한 사람들도 쉬는 날에는 군인처럼 훈련을 받아야 했어요.

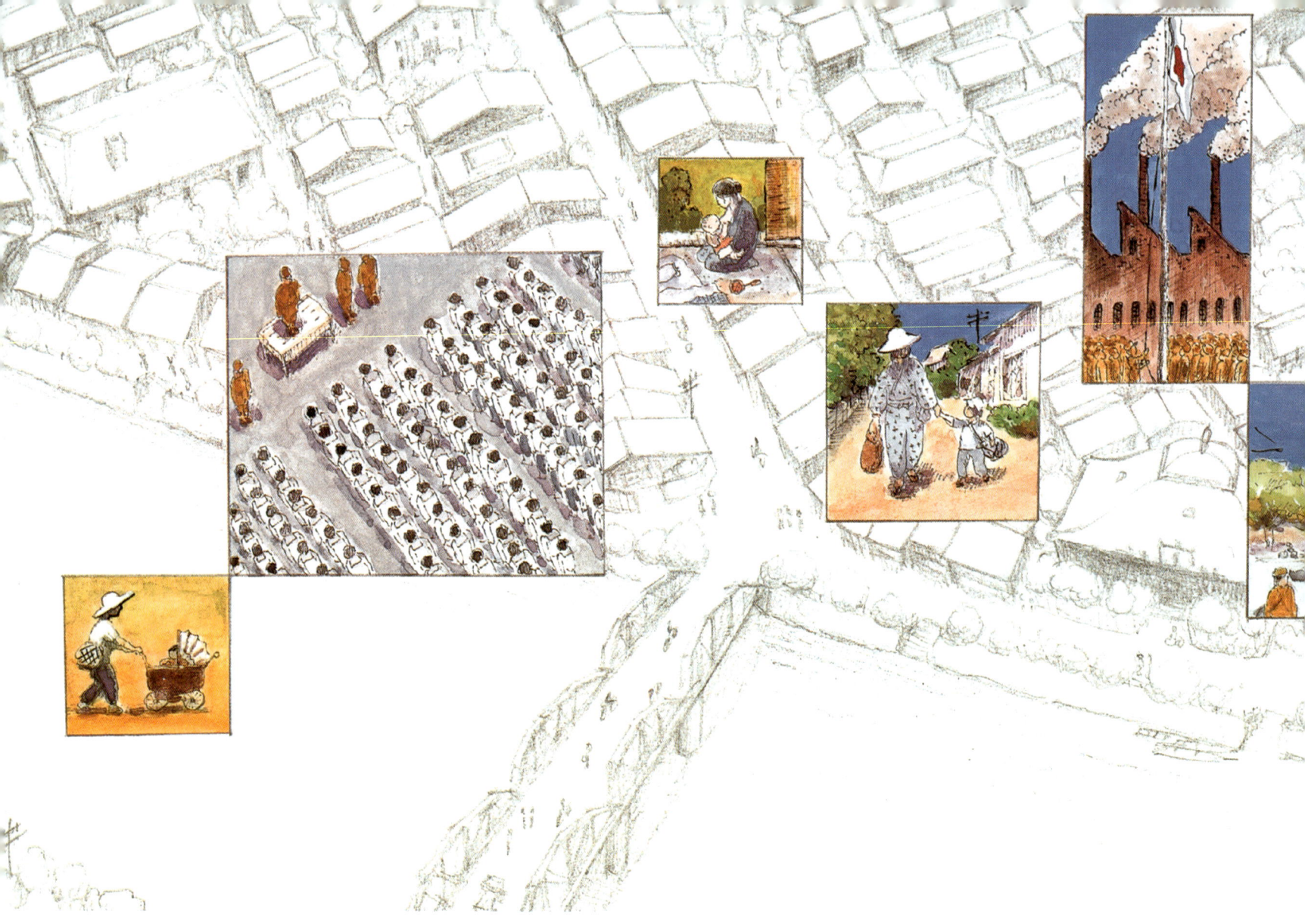

1945년 8월 6일, 아침 8시 15분.

히로시마 사람들이 하루 일을 시작하려는 참이었어요.
갑자기 비행기가 가까이에서 날 때 울리는 사이렌 소리가 들렸어요.
하지만 그 소리는 금방 멈췄고, 사람들은 다시 하던 일로 돌아갔지요.

이날, 나는 배가 아파서 학교에 가지 않았어요.
언니와 함께 방에 앉아 이야기를 하고 있었답니다.

비행기 소리를 들은 것 같았지만, 아주 멀고 높은 곳인 듯했어요.

갑자기 번개 같은 불빛이 번쩍이고
엄청나게 큰 소리가 났어요.

눈이 불에 덴 듯하더니 아무것도 보이지 않았어요.
나는 언니를 꼭 붙잡았지요.

모든 게 흐려졌어요.
난 내가 죽는구나 생각했어요.

난 깨어났어요. 살아있었지요. 하지만 우리 집은 완전히 사라져 버렸어요.

기어서 밖으로 나와 보니, 히로시마는 완전히 망가져 있었어요.
모든 것이 날아가고 허물어졌어요. 모두가 불타고 있었어요.

강둑은 불에 데인 사람들로 붐볐어요.

모두가 물가로 몰려갔지요.

나는 살갗이 벗겨져서 손톱에 매달려 있는 소녀를 보았어요.

어떤 아이는 비명을 지르며 죽은 엄마를 일으키려 하고 있었어요.

나는 그나마 다행이었어요. 우리 가족은 모두 살아 있었고, 함께였거든요.
우리는 동굴 속 대피소에서 지냈어요.

아빠의 얼굴은 심하게 그을려 퉁퉁 부어 있었어요.
오빠의 등에는 깨진 유리 조각이 온통 박혀서 제대로 누울 수도 없었지요.
밥을 먹고 있던 큰 언니는 젓가락 때문에 입술을 심하게 다쳤어요.

우리는 한여름 뙤약볕 아래로 수백 명의 사람이
불타버린 히로시마에서 떠나는 모습을 지켜보았어요.

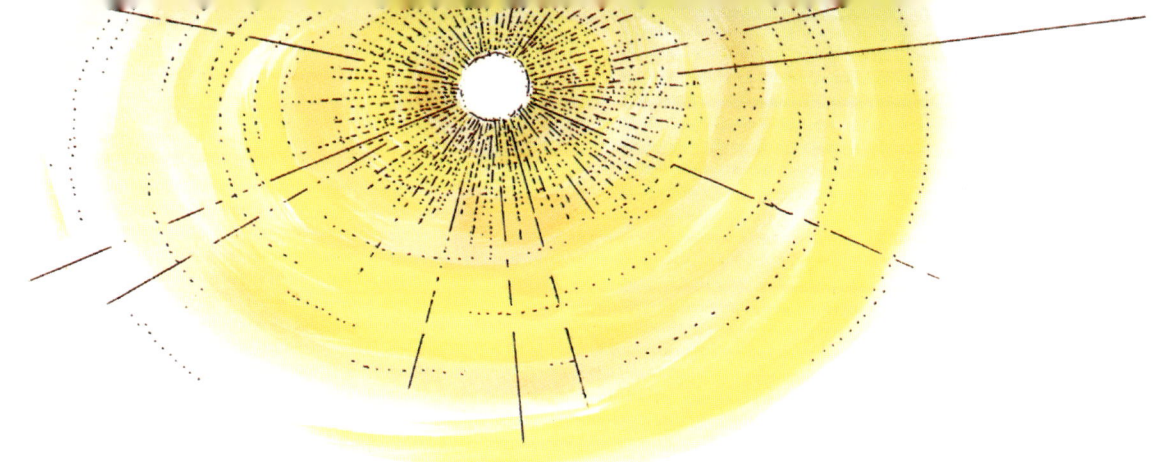

학교마다 심하게 다친 사람들이 모여서 병원이 되었어요.

그곳에서는 고통스러워 하는 사람들의 비명소리가 들렸어요.

불에 그슬린 상처에서는 끔찍한 냄새도 났지요.

수많은 사람들이 끊임없이 죽어갔어요.

학교 운동장에서는 죽은 사람들을 불태웠어요.

며칠이 지나고,

전쟁이 끝났다는 방송을 들었어요.

또 반년이 지났어요.

살아남은 아이들은 학교로 돌아갔어요.
나는 온통 까맣게 불타버린 땅에서 알루미늄 도시락을
찾아냈어요. 그 안에는 검게 탄 밥이 들어있었답니다.
그리고 친구들의 뼈도 찾아냈어요.
정말정말 많았지요.

아주 많은 시간이 흐른 뒤, 나는 학교에 다시 가보았어요.

내가 살아있다는 사실이 아직도 기적 같답니다.

이제는 깨끗해진 운동장에서 아이들이 즐겁게 뛰어놀고 있어요.
오래전, 내가 그랬던 것처럼 말이에요.

작가의 말 · 함께 읽는 어른들을 위해

내가 태어나기도 전에 일본은 전쟁을 시작했습니다. 군국주의 시대에는 만약 일본이 전쟁에서 진다면 우리가 '명예롭게 죽을 것'이라고 가르쳤습니다. 원자폭탄(원폭) 두 개가 일본에 떨어지면서 전쟁은 끝났지만, 그 결과는 끔찍했습니다. 폐허 속에서 살아남은 이들은 평화가 얼마나 중요한지를 깨달았지요. 하지만 살아남은 사람들이 모두 축복 받았다 할 수도 없습니다. 폭탄에서 나온 방사능 때문에 사람들은 병들고, 죽어갔습니다. 의사들도 방사능에 병든 사람들을 어떻게 치료해야 할지 몰랐어요. 그래서 원폭 이후 사흘도 안 되어 수많은 사람이 죽었습니다. 심한 상처에 고통스러워하던 사람들은 일주일도 견디지 못했고, 삶과 죽음 사이에서 겨우 버티던 사람들은 한 달을 채우지 못하고 또 죽어갔습니다.

몇몇 사람들은 상처를 치료하고 기적처럼 다시 예전과 비슷한 생활을 할 수 있었지만, 남은 삶 내내 끔찍한 병에 시달려야 했습니다. 그들은 인생의 절반을 병원에서 보냈고, 결국 그렇게 40년을 살다가 세상을 떠났습니다. 이제는 많은 전문가들이 방사능 때문에 생기는 증상을 연구해서 치료할 수 있게 되었지만, 아직도 방사능이 원인인 대부분의 질병은 치료할 수 없습니다. 나 역시 원폭 피해자라서 몸이 좋지 않을 때마다 방사능 때문이 아닐까 두렵답니다.
사람들은 전쟁을 일으키거나, 원자폭탄을 터트리고, 무분별하게 핵발전소를 짓습니다. 이 모든 게 어른들이 저지르는 일입니다. 삶과 생명에 대해 깊이 생각하지 않기 때문이지요. 때문에 우리는 아이들에게 삶에 대한 경외와, 자연 환경의 가치에 대해 가르쳐 주어야 합니다. 무자비한 어른으로 자라지 않게 하기 위함입니다.

나는 전쟁과 원자폭탄이 그저 오래된 역사 속의 한 장면으로 잊혀지는 것을 원치 않습니다. 이 책을 통해, 전쟁이라는 끔찍한 사건과 그 이후의 삶을 더 이해하고 관심 갖게 된다면 정말 고마운 일입니다.

지은이 · 모리모토 준코

모리모토 준코는 1932년 일본 히로시마에서 태어났습니다. 일본에서 중학교 미술 선생님으로 지내다가,

1982년부터 호주에서 살면서 《골칫덩이 거인》 등 다양한 그림책을 지었습니다.

작가이자 일러스트레이터로 호주 어린이책협회(CBCA)의 '올해의 책' 2회 수상을 비롯, 수많은 상을 받았습니다.

옮긴이 · 최혜기

성균관대학교에서 러시아문학과 국문학을 공부했으며, 지금은 어린이 책 편집자로 일하고 있습니다.

《내일도 눈이 올까요》, 《작은 파도》, 《론도의 노래》를 우리말로 옮겼습니다.

Photograph by Tatsuo Naitoh

도토리작은숲 02
나의 히로시마

초판 1쇄 펴낸 날 2015년 11월 26일

지은이 모리모토 준코 | 옮긴이 최혜기

펴낸이 김순이
펴낸곳 도토리나무
출판등록 2014년 6월 24일(제25100-2014-000040호)
주소 (우)121-842 서울시 마포구 성미산로5길 8 삼화주택 102호(성산동 245-9))
전화 070-8879-5026 | 팩스 02-939-0683 | 이메일 dotorinamoo@hanmail.net
기획 권병재 | 편집 마당본 | 디자인 SOMEE

공급처 도토리숲 (전화 070-8879-5026, 팩스 02-337-5026)

ISBN : 979-11-953397-3-0 74830
ISBN : 979-11-953397-2-3 (세트)

＊이 책의 내용을 재사용하려면 반드시 출판사와 저작권사의 허락을 받아야 합니다.
＊책값은 뒤표지에 있습니다.
＊잘못 만든 책은 구입하신 서점에서 바꾸어 드립니다.

My Hiroshima

Copyright ⓒ Junko Morimoto, 1987, 2014
Translated and adapted into English by Isao Morimoto and Anne Bower Ingram First published by Wiliam Collins Pty Ltd in 1987.
Reissued as a Lothian Children's Book in Australia and New Zealand in 2014 by Hachette Australia Lty Ltd.
Korean translation copyright ⓒ Dotorinamu, 2015
This Korean language edition is published by arrangement with Hachette Australia Pty Ltd through The ChoiceMaker Korea Co.

이 책의 한국어판 저작권은 초이스메이커코리아를 통해 저작권사와의 독점 계약으로 도토리나무에 있습니다.
저작권법에 의해 한국 내에서 보호를 받는 저작물이므로 무단전재와 무단복제를 금합니다.

이 도서의 국립중앙도서관 출판예정도서목록(CIP)은 서지정보유통지원시스템 홈페이지(http://seoji.nl.go.kr)와
국가자료공동목록시스템(http://www.nl.go.kr/kolisnet)에서 이용하실 수 있습니다. (CIP제어번호 : CIP2015027807)